Dr. Illya Kozyrev

Mündliche Prüfung B1

Prüfungsvorbereitung DTZ Deutsch B1
Deutsch als Fremdsprache

Bibliografische Information der Deutschen Nationalbibliothek: Die Deutsche Nationalbibliothek verzeichnet diese Publikation in der Deutschen Nationalbibliografie; detaillierte bibliografische Daten sind im Internet über http://dnb.dnb.de abrufbar.

© 2020 Kozyrev, Illya
1. Auflage

Herstellung und Verlag:
BoD – Books on Demand, Norderstedt

ISBN 9 783 752 673 357

Inhaltsverzeichnis   Seite

1. Teil - Sich vorstellen

2. Teil - Ein Bild oder ein Foto beschreiben

3. Teil - Gemeinsam etwas planen

Einführung in die mündliche Prüfung B1

Der Teil der DTZ A2-B1 Prüfung >Sprechen< dauert ca. 16 bis 18 Minuten. Das sind ca. 8 bis 9 Minuten pro Teilnehmer. Dieser Teil der Prüfung ist eine Paar-Prüfung, das bedeutet, dass Sie die mündliche Prüfung nicht alleine machen, sondern mit einer Partnerin oder mit einem Partner.

Die mündliche Prüfung besteht aus drei Teilen: **1** A+B / **2** A+B / **3**
Eine Übersicht dieser drei Teile finden Sie auf Seite 5.

Bitte vergessen Sie nicht: Sie bekommen <u>keine</u> Vorbereitungszeit, Sie dürfen Ihre Handys, Wörterbücher und andere Hilfsmittel <u>nicht</u> benutzen. Zur mündlichen Prüfung müssen Sie unbedingt Ihren Pass oder Ausweis mit einem klaren Gesichtsfoto mitbringen.

Beachten Sie während der gesamten Prüfung nicht, was die beiden Prüfer in ihren Unterlagen ankreuzen, schreiben oder tun. Dies lenkt Sie nur ab.

Bitte fragen Sie nach der Prüfung die Prüfer auch nicht, ob Sie die Prüfung bestanden haben oder ob Sie gut waren. Die Prüfer dürfen es Ihnen nicht sagen. Die Prüfer dürfen Ihnen keine Bewertungen mitteilen bzw. Komplimente zu Ihren Leistungen machen. Dies hat nichts mit Ihnen zu tun, so sind einfach die Regeln.

Jede Prüfung bedeutet Stress und Aufregung, versuchen Sie trotzdem entspannt, ruhig und freundlich zu sein.

Übersicht

Die drei Teile der Prüfung:

	Aufgabe	Das wird Ihnen gegeben	Das müssen Sie machen / tun
1 A	**sich vorstellen**	Sie bekommen ein Blatt Papier mit Stichworten oder Punkten.	Blatt mit Punkten zur Vorstellung anschauen. Sie stellen sich vor. Sie sprechen alleine. – Monolog. Sie können sich aber auch ohne Blatt vorstellen, in freier Rede.
1 B	Fragen bzw. Nachfragen des Prüfers beantworten	Sie bekommen ein bis drei Fragen des Prüfers.	Sie beantworten die Fragen des Prüfers.
2 A	**ein Bild/ein Foto beschreiben und Ihre Erfahrungen dazu**	Sie bekommen ein farbiges Bild.	Sie erklären, was das Bild Ihrer Meinung nach darstellt und Sie berichten über Ihre Erfahrungen. Sie sprechen alleine. – Monolog.
2 B	Nachfragen des Prüfers beantworten	Der Prüfer stellt Ihnen Fragen.	Sie beantworten die Fragen des Prüfers.
3	**eine Situation besprechen und gemeinsam etwas planen**	Sie bekommen vom Prüfer ein Blatt mit der Aufgabe: ein Thema, eine Situation, mit Stichpunkten.	Sie sprechen über ein Thema. Sie planen etwas oder lösen eine Aufgabe. Sie diskutieren mit Ihrem Partner/Ihrer Partnerin. – Dialog.

1	Sich vorstellen	Aufgabenstellung

► über sich sprechen

So oder so ähnlich wird das Blatt aussehen, das Sie vom Prüfer bekommen werden:

Aufgabe
Stellen Sie sich bitte vor.

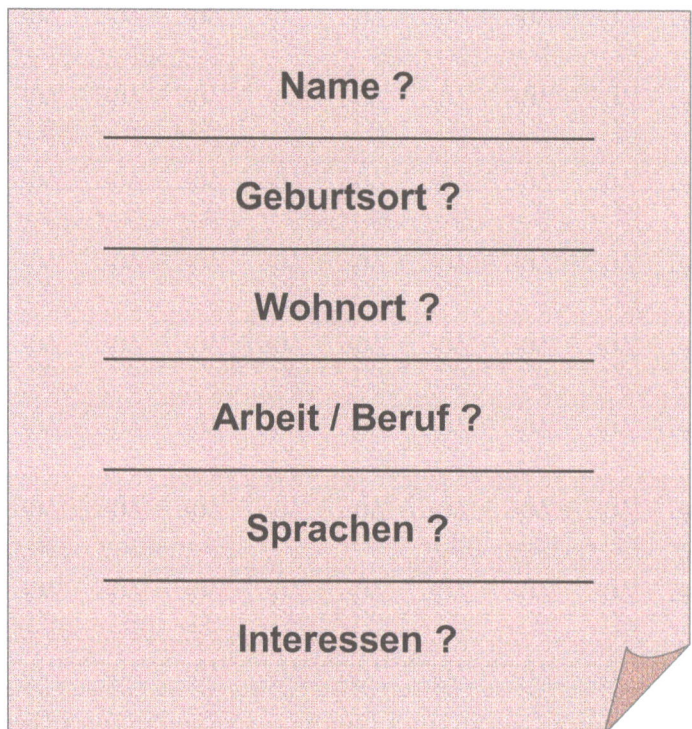

Name ?

Geburtsort ?

Wohnort ?

Arbeit / Beruf ?

Sprachen ?

Interessen ?

Im ersten Teil der mündlichen B1-Prüfung sollen Sie sich vorstellen, entweder Schritt für Schritt nach diesem Notizzettel oder in freier Rede. Jeder Punkt des Notizzettels muss jedoch auf alle Fälle behandelt werden.

Sie sprechen hier alleine, ohne Ihre Partnerin / Ihren Partner.

Am Ende wird Ihnen der Prüfer ein paar Fragen stellen. Sie sollten etwa 1 ½ Minuten sprechen. Machen Sie ein fröhliches Gesicht dabei, versuchen Sie die Ruhe zu bewahren, auch wenn man bei der Prüfung oft nervös ist.
Am Ende Ihrer Vorstellung können Sie gerne auch über Ihre Interessen und Pläne nach der B1-Prüfung reden.

Was Sie dazu sagen könnten, zeige ich Ihnen in den Beispielen auf den folgenden Seiten.

1 Sich vorstellen	Beispiel 1	Ahmad Al Rawi aus Syrien

- Guten Tag, ich freue mich heute hier zu sein.

- Ich heiße Ahmad Al Rawi. Ahmad ist mein Vorname und Al Rawi ist mein Nachname.

- Ich komme aus Syrien, aus Aleppo. Ich bin 20 Jahre alt und Single.

- Ich wohne seit zwei Jahren in Deutschland. Ich wohne im Zentrum von Köln, zusammen mit meinen Eltern und meinen zwei Schwestern.

- Ich habe keinen Beruf. Nach der Schule bin ich nach Deutschland gekommen und lerne hier Deutsch.

- Arabisch ist meine Muttersprache. Außerdem spreche ich Englisch und auch schon ein bisschen Deutsch.

- Ich interessiere mich für Fußball und Schwimmen. Ich gehe gern mit Freunden spazieren.

■ *Mögliche Frage des Prüfers:*　1. Haben Sie eine Lieblingsmannschaft in Deutschland?
► *Mögliche Antwort:*　**1. Ich bin ein großer Fan des FC Bayern München.**

■ *Mögliche Frage des Prüfers:*　2. Was möchten Sie nach der Prüfung machen?
► *Mögliche Antwort:*　**2. Ich möchte einen B2-Kurs besuchen und später eine Ausbildung zum Zahntechniker machen.**

1 Sich vorstellen	Beispiel 2	Sanaz Rahmani aus dem Iran

- Guten Tag. Danke für die Einladung.
- Ich heiße Sanaz Rahmani. Sanaz ist mein Vorname und Rahmani ist mein Nachname.
- Ich komme aus dem Iran, aus Shiraz. Shiraz ist eine Millionenstadt im Süden Irans.
- Ich bin 28 Jahre alt und ich bin seit einem Jahr verheiratet. Ich habe keine Kinder.
- Ich wohne seit drei Jahren in Deutschland. Ich wohne im Zentrum von Berlin mit meinem Mann.
- Ich bin Kauffrau von Beruf. In meiner Heimat habe ich bei einer Bank gearbeitet, es hat mir viel Spaß gemacht. In Deutschland würde ich auch gerne in diesem Bereich arbeiten.
- Ich spreche sowohl Farsi als auch Englisch und ein bisschen Deutsch. Farsi ist meine Muttersprache.
- Ich interessiere mich für Literatur. Ich koche gern und gehe gern ins Schwimmbad.

■ *Mögliche Frage des Prüfers:* 1. Sie haben gesagt, dass Sie sich für Literatur interessieren. Welche Bücher lesen Sie gern?

▶ *Mögliche Antwort:* **1. Ich lese gern Bücher über die Liebe und über die Geschichte. Ich träume davon, bald Bücher auf Deutsch lesen zu können.**

■ *Mögliche Frage des Prüfers:* 2. Sie haben gesagt, dass Sie verheiratet sind. Können Sie etwas über Ihren Mann erzählen?

▶ *Mögliche Antwort:* **2. Mein Mann ist 30 Jahre alt, er heißt Reza, hat schwarze Augen und schöne schwarze Haare. Er studiert Medizin.**

1 Sich vorstellen	Beispiel 3	Ludmila Morozova aus Russland

- Guten Tag, ich möchte mich kurz vorstellen.
- Ich heiße Ludmila Morozova. Ludmila ist mein Vorname und Morozova ist mein Nachname.
- Ich komme aus Russland, aus Sotschi. Sotschi ist ein wunderschöner Kurort am Schwarzen Meer.
- Ich bin 40 Jahre alt, verheiratet und ich habe zwei Kinder.
- Ich wohne seit einem Jahr in Deutschland, weil mein Mann hier eine gute Arbeitsstelle bei einem Forschungsunternehmen bekommen hat.
- Ich bin Lehrerin von Beruf. In meiner Heimat habe ich 15 Jahre in einer Grundschule unterrichtet, es hat mir viel Spaß gemacht. Ich mag Kinder sehr.
- Ich spreche sowohl Russisch als auch Englisch und ein bisschen Deutsch. Russisch ist meine Muttersprache.
- Ich koche gerne. Ich interessiere mich für Musik und Theater. Hier in Frankfurt besuche ich mit meinen Kindern regelmäßig eine Musikschule. Meine Kinder und ich spielen dort Klavier und singen im Chor.

■ *Mögliche Frage des Prüfers:*   1. Welche Lieder singen Sie gern?
▶ *Mögliche Antwort:*   **1. Zu Hause singe ich mit meinen Kindern russische Volkslieder und im Chor singen wir eher klassische Stücke.**

■ *Mögliche Frage des Prüfers:*   2. Was gefällt Ihnen besonders in Frankfurt?
▶ *Mögliche Antwort:*   **2. Frankfurt ist eine große, multikulturelle Stadt. Die Menschen hier sind offen und tolerant. Die moderne Architektur und die Wolkenkratzer gefallen mir auch.**

1 Sich vorstellen	Beispiel 4	Olga Stepanenko aus der Ukraine

- Guten Tag. Danke für die Einladung.

- Ich heiße Olga Stepanenko. Olga ist mein Vorname und Stepanenko ist mein Nachname.

- Ich komme aus der Ukraine, aus Lviv. Die Deutschen nennen meine Heimatstadt Lemberg. Lviv ist eine alte, malerische Stadt im Westen der Ukraine.

- Ich bin 30 Jahre alt, verheiratet und ich habe ein Kind, ein Mädchen.

- Ich wohne seit zehn Monaten in Deutschland.

- Ich bin Hautärztin von Beruf. In meiner Heimat habe ich nach dem Studium fünf Jahre lang in einer Praxis gearbeitet.

- Ich spreche Ukrainisch, Russisch, Polnisch und Deutsch. Ukrainisch ist meine Muttersprache.

- Ich interessiere mich für Kunst und für Geschichte. Ich gehe gern in Museen und lese Bücher über die mittelalterliche Geschichte.

■ *Mögliche Frage des Prüfers:*
▶ *Mögliche Antwort:*

1. Was möchten Sie nach der B1-Prüfung machen?
1. **Nach der B1-Prüfung möchte ich einen B2-Kurs und später C1-Kurse besuchen. Ich möchte auch in Deutschland als Ärztin arbeiten.**

■ *Mögliche Frage des Prüfers:*
▶ *Mögliche Antwort:*

2. Was gefällt Ihnen in Deutschland besonders gut?
2. **Deutschland ist ein offenes und tolerantes Land. Außerdem finde ich das Wetter in Deutschland sehr angenehm, es ist sehr mild. In meiner Heimat, Ukraine, ist es im Sommer sehr heiß und im Winter sehr kalt.**

1 Sich vorstellen	Beispiel 5	Mustafa Öztürk aus der Türkei

- Guten Tag, danke für die Einladung. Ich möchte mich kurz vorstellen.

- Ich heiße Mustafa Öztürk. Mustafa ist mein Vorname und Öztürk ist mein Nachname.

- Ich komme aus der Türkei, aus Kemer. Kemer ist eine wunderschöne, malerische Stadt im Süden der Türkei. Wir haben herrliche Landschaften, tolles Wetter und viele Touristen aus Deutschland.

- Ich bin 40 Jahre alt, verheiratet und ich habe drei Kinder, einen Sohn und zwei Töchter.

- Ich wohne seit acht Monaten in Deutschland.

- Ich bin Anwalt von Beruf. In meiner Heimat habe ich 14 Jahre lang als Anwalt gearbeitet.

- Ich spreche Türkisch, Arabisch und Deutsch. Türkisch ist meine Muttersprache.

- Ich interessiere mich für Geschichte und für Politik. Ich fahre gern Fahrrad.

■ *Mögliche Frage des Prüfers:* 1. Was möchten Sie nach der B1-Prüfung machen?

▶ *Mögliche Antwort:* **1. Nach der B1-Prüfung möchte ich gerne einen Englischkurs machen, danach möchte ich einen Job suchen.**

■ *Mögliche Frage des Prüfers:* 2. Sie haben gesagt, dass Sie gerne Fahrrad fahren. Wo kann man hier in Köln Fahrrad fahren? Wie oft tun Sie das?

▶ *Mögliche Antwort:* **2. Immer wenn das Wetter gut ist, versuche ich mit dem Fahrrad zu fahren. Es ist sehr gesund. Am Wochenende fahre ich gerne mit meiner Familie den Rhein entlang.**

---

1 Sich vorstellen   Beispiel 6   Muster für Ihre eigene Vorstellung

---

- Guten Tag, danke für die Einladung. Ich freue mich heute hier zu sein.

- Ich heiße _____ _____ .

  _____ ist mein Vorname und _____ ist mein Nachname.

- Ich komme aus _____ (Land), aus _____

  (Stadt/Dorf/Region). – _____ (Stadt) ist eine _____

  _____ (alte/schöne/kleine/große/malerische) Stadt.

- Ich bin _____ Jahre alt, _____ (verheiratet/ledig/geschieden/verwitwet)

  und ich habe _____ _____ (ein Kind/zwei Kinder/keine Kinder).

- Ich wohne in Deutschland seit _____ (Zahl) _____ (Monaten/Jahren).

- Ich bin _____ von Beruf. In meiner Heimat habe ich

  _____ gearbeitet (wo?).

- Ich spreche _____ , _____ und Deutsch,

  _____ ist meine Muttersprache.

- Ich interessiere mich für _____ , _____ ,

  _____ .

- Nach der B1-Prüfung möchte ich _____

  _____

(einen B2-Kurs besuchen/eine Ausbildung machen/ studieren/ ...).

Einführung in den zweiten Teil der Prüfung

► über Erfahrungen sprechen

Im zweiten Teil der Prüfung bekommen Sie vom Prüfer ein Bild vorgelegt, das Sie beschreiben sollen. Ich habe Ihnen eine Tabelle zusammengestellt, die Ihnen bei der Vorbereitung auf diesen Teil der Prüfung behilflich sein wird.

Beachten Sie dabei bitte immer den richtigen Artikel (der /die /das) und die richtigen Endungen dazu.

Nach der Tabelle zeige ich Ihnen einige Bilder, die vom Inhalt her den Bildern der echten Prüfung sehr ähnlich sind. Die Bilder werde ich dann für Sie nach den Mustern der Tabelle beschreiben. Die Mustersätze in dieser Tabelle sind nur als Hilfen gedacht. In der Prüfung sollten Sie versuchen, mehr zu erzählen, als in der Tabelle dargestellt ist.

Sehr wichtig ist es, dass Sie das Bild nicht nur beschreiben, also nicht nur sagen, was Sie faktisch sehen.

Sie sollten unbedingt vermuten, phantasieren und interpretieren, welche Situation in dem Bild dargestellt sein könnte.

Ich empfehle Ihnen, mindestens vier Nebensätze mit „dass" zu bilden, am besten mit den vier gebräuchlichsten Ausdrücken der Vermutung:

- Ich denke, dass ...
- Ich glaube, dass ...
- Ich vermute, dass ...
- Es könnte sein, dass ...

In meiner Tabelle finden Sie diese >Ausdrücke der Vermutung< unter dem Abschnitt **D)**

Schritte zur Beschreibung eines Bildes im zweiten Teil der mündlichen Prüfung

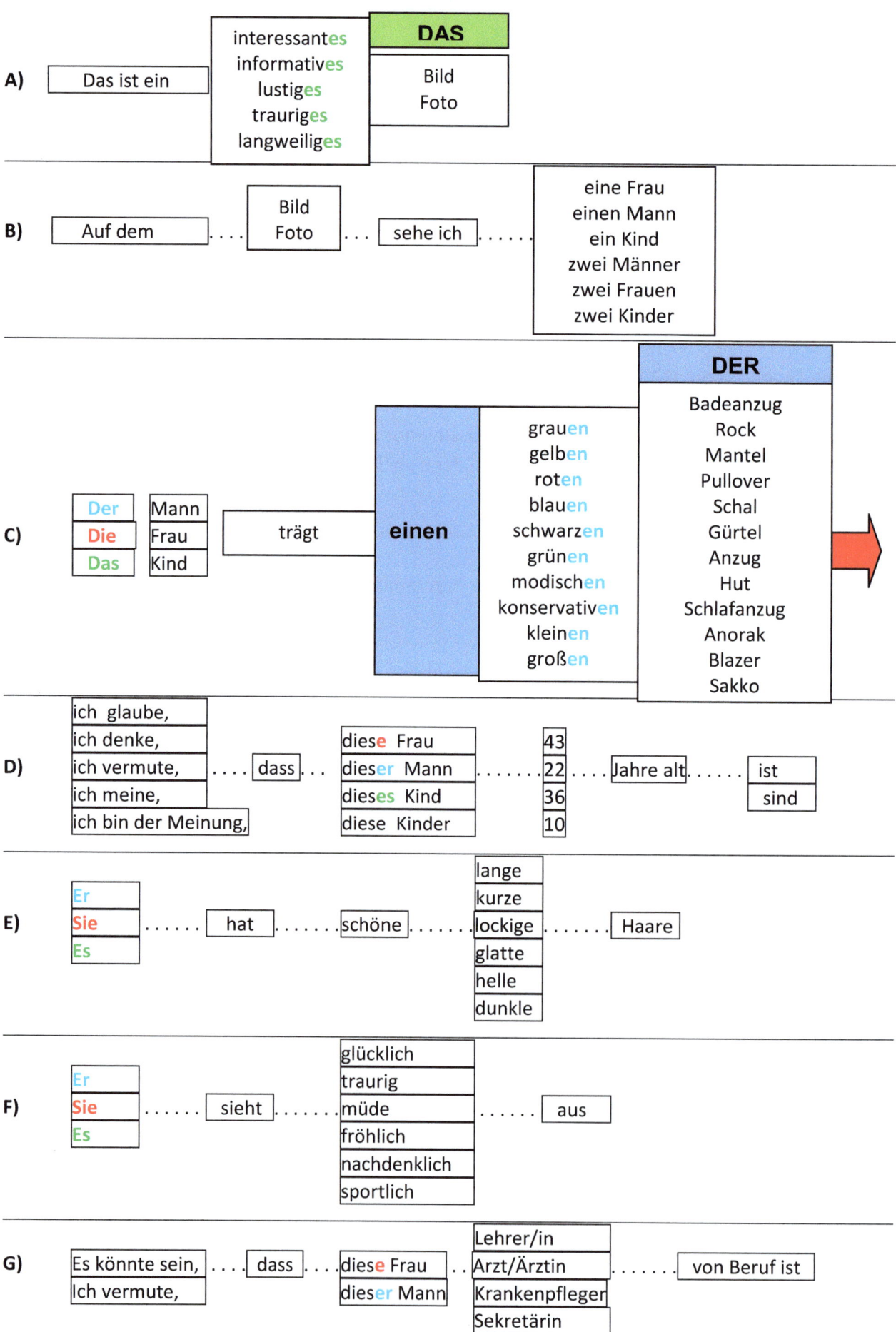

A) Das ist ein | interessant**es** / informativ**es** / lustig**es** / traurig**es** / langweilig**es** | **DAS** Bild / Foto

B) Auf dem . . . . Bild / Foto . . . sehe ich . . . . . . eine Frau / einen Mann / ein Kind / zwei Männer / zwei Frauen / zwei Kinder

C) Der Mann / Die Frau / Das Kind | trägt | **einen** | grau**en** / gelb**en** / rot**en** / blau**en** / schwarz**en** / grün**en** / modisch**en** / konservativ**en** / klein**en** / groß**en** | **DER** Badeanzug / Rock / Mantel / Pullover / Schal / Gürtel / Anzug / Hut / Schlafanzug / Anorak / Blazer / Sakko

D) ich glaube, / ich denke, / ich vermute, / ich meine, / ich bin der Meinung, ... dass . . dies**e** Frau / dies**er** Mann / dies**es** Kind / diese Kinder . . . . . . 43 / 22 / 36 / 10 . . . . Jahre alt . . . . . . ist / sind

E) Er / Sie / Es . . . . . . hat . . . . schöne . . . . . . lange / kurze / lockige / glatte / helle / dunkle . . . . Haare

F) Er / Sie / Es . . . . . . sieht . . . . glücklich / traurig / müde / fröhlich / nachdenklich / sportlich . . . . . . aus

G) Es könnte sein, . . . dass . . . dies**e** Frau / dies**er** Mann . . Lehrer/in / Arzt/Ärztin / Krankenpfleger / Sekretärin . . . . . . von Beruf ist
Ich vermute,

Schritte zur Beschreibung eines Bildes im zweiten Teil der mündlichen Prüfung

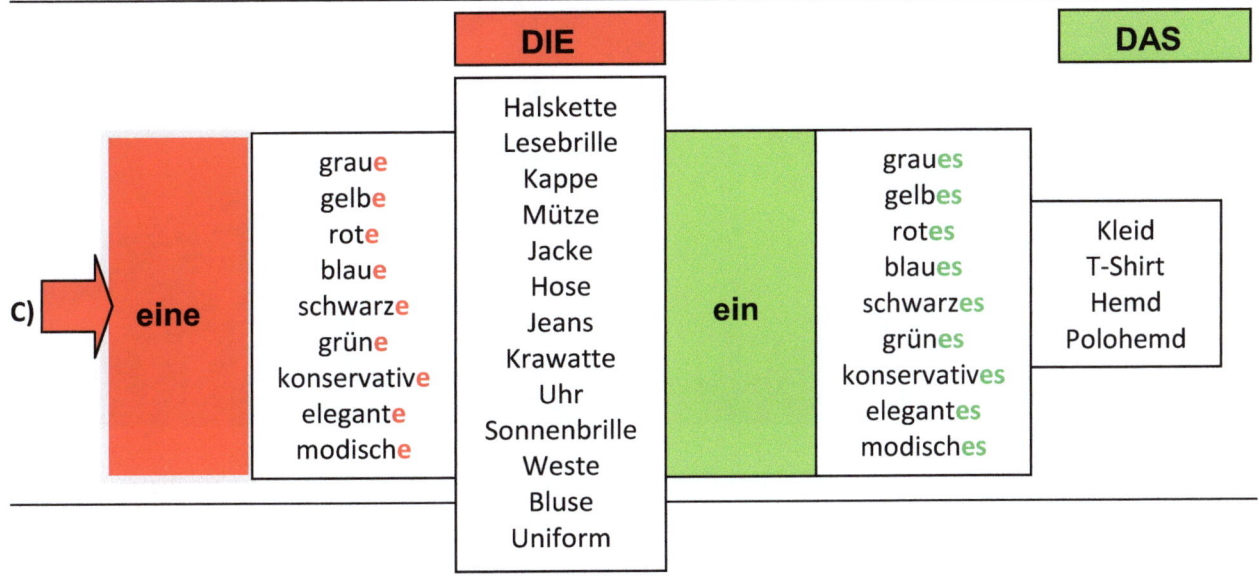

2 Ein Bild oder ein Foto beschreiben   Bild 1

2 A	*Der Prüfer sagt:*	Sie möchten Ihrem Gesprächspartner ein Foto beschreiben.

2 A *Der Prüfer sagt:*   Sie möchten Ihrem Gesprächspartner ein Foto beschreiben.
- Was sehen Sie auf dem Bild?
- Welche Situation wird hier dargestellt?

2 B *Der Prüfer sagt:*   Könnten Sie über Ihre Erfahrungen zur gleichen Situation berichten?

Ihre Antwort:

A)   Das ist ein interessantes Foto.

B)   Auf dem Foto sehe ich einen Mann.

C)   Dieser Mann trägt ein blaues, elegantes Hemd.
Er trägt eine dunkle, klassische Hose und eine Lesebrille.

D)   Ich glaube, dass dieser Mann 42 Jahre alt ist.

E)   Er hat dunkle, kurze Haare und schöne Augenbrauen.

F)   Er sieht nachdenklich und konzentriert aus.

G)   Es könnte sein, dass er im Finanzamt oder bei einer Behörde arbeitet.
Ich vermute, dass er Sachbearbeiter von Beruf ist.

H)   Er sitzt vor dem Computer auf einem blauen Stuhl, um genauer zu sein, er sitzt vor drei Monitoren.
Auf dem Tisch sehe ich einige Dokumente, Unterlagen, eine Flasche Wasser und zwei Stifte. Ich denke, dass dieser Mann in seinem Terminkalender nach einem freien Termin sucht. - Ich würde auch gerne in einem Büro arbeiten, obwohl es ungesund ist, zu lange vor dem Computer zu sitzen.

2 Ein Bild oder ein Foto beschreiben   Bild 2

2 A   *Der Prüfer sagt:*   Sie möchten Ihrem Gesprächspartner ein Foto beschreiben.
                                       - Was sehen Sie auf dem Bild?
                                       - Welche Situation wird hier dargestellt?
2 B   *Der Prüfer sagt:*   Könnten Sie über Ihre Erfahrungen zur gleichen Situation
                                      berichten?

Ihre Antwort:

A)   **Das ist ein informatives Bild.**

B)   **Auf dem Bild sehe ich eine schöne Frau.**

C)   **Diese Frau trägt ein rotes, modisches Kleid mit kleinen dunklen Blumen.**
       Sie trägt einen Ehering. Ich glaube, dass sie verheiratet ist.

D)   **Ich bin der Meinung, dass diese Frau 35 Jahre alt ist.**

E)   **Sie hat schöne, dunkle, lockige Haare.**

F)   **Sie sieht fröhlich, aber müde aus. Vielleicht hat sie bald Feierabend.**

G)   **Es könnte sein, dass diese Frau eine Sekretärin oder eine Bankerin von Beruf ist.**

H)   **Im Vordergrund sehe ich eine Topfpflanze, eine Blume. Neben der Blume steht eine**
       gelbe Tasse. Auf dem Tisch liegen drei farbige Stifte. Diese Frau sitzt vor einem
       Computer und telefoniert. Sie sitzt neben einem großen Fenster mit Rollläden.
       - Ich habe noch nie in einem Büro gearbeitet, aber in so einem modernen Büro würde
       ich auch gerne arbeiten.

2 Ein Bild oder ein Foto beschreiben   Bild 3

2 A   *Der Prüfer sagt:*   Sie möchten Ihrem Gesprächspartner ein Foto beschreiben.
                                         - Was sehen Sie auf dem Bild?
                                         - Welche Situation wird hier dargestellt?
2 B   *Der Prüfer sagt:*   Könnten Sie über Ihre Erfahrungen zur gleichen Situation berichten?

Ihre Antwort:

A)   **Das ist ein schönes, fröhliches Bild.**

B)   **Auf dem Bild sehe ich ein lustiges, kleines Kind.**

C)   **Dieses Kind trägt eine blaue Jeans, eine warme, sportliche Jacke und einen roten Sturzhelm.**

D)   **Ich vermute, dass dieses Kind fünf Jahre alt ist.**

E)   **Dieser Junge hat kurze, dunkelblonde Haare, schöne, dunkle Augen und eine kleine Nase.**

F)   **Er sieht glücklich und fröhlich aus**

G)   **Es könnte sein, dass er mit seinen Eltern in einem Park ist. Er fährt mit seinem kleinen Fahrrad einen Bach oder kleinen Fluss entlang.**

H)   **Der Junge ist warm angezogen, bestimmt ist es Herbst, vielleicht September. Ach nein, ich glaube es ist Frühling, weil die Bäume blühen. - Als Kind bin ich auch immer gerne Fahrrad gefahren. Es ist schön, wenn die Eltern viel Zeit mit den Kindern in der Natur verbringen.**

2 Ein Bild oder ein Foto beschreiben   Bild 4

| 2 A | *Der Prüfer sagt:* | Sie möchten Ihrem Gesprächspartner ein Foto beschreiben.
- Was sehen Sie auf dem Bild?
- Welche Situation wird hier dargestellt? |
| 2 B | *Der Prüfer sagt:* | Könnten Sie über Ihre Erfahrungen zur gleichen Situation berichten? |

Ihre Antwort:

A)   Das ist ein schönes Geburtstagsfoto.

B)   Auf dem Foto sehe ich ein kleines Kind, einen Jungen.

C)   Das Kind trägt ein warmes, rotes Hemd oder einen Pullover mit rot-weißem Kragen.

D)   Ich vermute, dass dieser Junge heute Geburtstag hat. Ich denke, dass er vier Jahre alt ist, weil in der Torte vier Geburtstagskerzen stecken. Die Torte ist blau und ist mit gelben Sternen dekoriert. Die Torte sieht lustig und lecker aus.

E)   Dieses Kind hat dunkle, glatte Haare und dunkle Augen.

F)   Das Geburtstagskind sieht fröhlich aus.

G)   Es könnte sein, dass die Familie den Geburtstag bei den Großeltern zu Hause feiert.

H)   Ich sehe im Hintergrund ein altmodisches Sofa und ein Foto von den Großeltern. Auf dem Sofa liegen zwei Decken. Ich sehe zwei grüne Luftballons. - Als Kind habe ich meinen Geburtstag geliebt, weil ich immer viele Geschenke bekommen habe.

2 Ein Bild oder ein Foto beschreiben   Bild 5

2 A   *Der Prüfer sagt:*   Sie möchten Ihrem Gesprächspartner ein Foto beschreiben.
                                        - Was sehen Sie auf dem Bild?
                                        - Welche Situation wird hier dargestellt?

2 B   *Der Prüfer sagt:*   Könnten Sie über Ihre Erfahrungen zur gleichen Situation
                                        berichten?

Ihre Antwort:

A)   Das ist ein interessantes Bild.

B)   Auf dem Bild sehe ich einen Mann, der zu Hause auf dem Sofa liegt.

C)   Dieser Mann trägt einen grau-lila gestreiften Pullover und hellblaue Jeans, er hat
          weiß-grau gestreifte Socken an.

D)   Ich glaube, dass dieser Mann circa 28 Jahre alt ist.

E)   Er hat kurze, glatte, dunkelblonde Haare.

F)   Er sieht ruhig und entspannt aus.

G)   Es könnte sein, dass er Krankenpfleger oder Kindererzieher von Beruf ist.

H)   Im Hintergrund an den Wänden sehe ich zwei moderne Bilder. Am Fenster steht eine
          Topfpflanze in einem silbernen Topf. Neben dem jungen Mann liegt eine Winterdecke
          oder ein Plaid. Die Decke ist gelb-braun kariert. Im Vordergrund sehe ich zwei Bücher
          und eine Tasse. Ich vermute, dass dieser Mann zu Hause Fernsehen schaut, weil er
          eine Fernbedienung in der Hand hat. Die Wohnung gefällt mir gut, weil sie hell und
          minimalistisch ist. - Ich selbst verbringe meine Freizeit ungern zu Hause. Ich bin lieber
          in der Natur.

---

2   Ein Bild oder ein Foto beschreiben   Bild 6

2 A	*Der Prüfer sagt:*	Sie möchten Ihrem Gesprächspartner ein Foto beschreiben.

- Was sehen Sie auf dem Bild?
- Welche Situation wird hier dargestellt?

2 B	*Der Prüfer sagt:*	Könnten Sie über Ihre Erfahrungen zur gleichen Situation berichten?

Ihre Antwort:

- **Auf dem Bild sehe ich einen Flohmarkt oder Antikmarkt.**
- **Oh, das ist ein interessantes Bild. Ich gehe auch gerne zum Flohmarkt mit meiner Familie.**
- **Ich sehe hier viele interessante alte Sachen.**
- **Im Vordergrund sehe ich ein kleines altes Pferd aus Holz. Das ist ein schönes Spielzeug für Kinder. Als Kind hatte ich in meiner Heimat auch ein solches Pferd.**
- **Auf dem Tisch liegt eine blaue Decke, darüber andere, weiße, selbst hergestellte Tischdecken. Meine Oma hatte auch solche Decken in verschiedene Größen.**
- **Dahinter sehe ich einen alten Spiegel, alte Lampen und einen Kronleuchter.**
- **In der Bildmitte sieht man einen beigen Koffer und links davon einen alten braunen Rucksack aus Leder.**
- **Links im Hintergrund sehe ich einen alten Teppich.**
- **Ich denke, dass das Wetter gut ist, weil das Bild hell ist.**
- **Ich bin der Meinung, dass die Deutschen gerne zu einem Antikmarkt gehen, weil hier bei uns fast jeden Monat ein Flohmarkt stattfindet.**
- **Wenn das Wetter gut ist, dann gehe ich auch gerne mit meiner Familie zu einem Flohmarkt.**
- **Einmal habe ich eine alte Vase aus Porzellan gekauft, sie war gar nicht teuer.**

Einführung in den dritten Teil der Prüfung

▶ <u>gemeinsam etwas planen</u>

Hier möchte ich Ihnen ein paar Ausdrücke präsentieren, die Sie vielleicht im Teil 3 im Dialog mit Ihrer Partnerin oder mit Ihrem Partner verwenden könnten:

A. Machen Sie Vorschläge und sagen Sie Ihre Meinung:

- Ich bin der Meinung, dass ...
- Ich meine / ich finde / ich glaube / ich vermute, dass ...
- Für mich ist es richtig / falsch, dass ...
- Wir könnten vielleicht ... ... machen / organisieren?
- Wie wäre es, wenn wir...?

B. Stellen Sie Fragen an Ihren Partner:

- Was denkst du darüber?
- Was hältst du davon, wenn wir...?
- Wie findest du es?   (Da Sie sich normalerweise
- Wie siehst du das?   aus dem B1-Kurs kennen,
- Siehst du es auch so?   gehe ich hier davon aus, dass
- Siehst du es anders?   Sie ‚du' zueinander sagen.)
- Stimmst du mir zu, dass ...?
- Wie wäre es, wenn wir...?
- Wollen wir ... ... machen / organisieren / kaufen / besorgen?
- Wer übernimmt welche Aufgabe?
- Wo treffen wir uns?
- Wann hättest du Zeit?

C. Zeigen Sie Ihr Einverständnis:

- Das ist eine gute / tolle / wunderbare Idee.
- Ich bin damit einverstanden.
- Ich sehe es genauso wie du.
- Ja, so machen wir es.
- Das ist ein guter Vorschlag.
- Ich bin dafür.

D. Zeigen Sie, dass Sie eine andere Meinung haben:

- Ich bin dagegen.
- Ich sehe es anders.
- Ich würde es anders machen.
- Das passt mir leider nicht.

3 Gemeinsam etwas planen	Situation 1	Eine Katze versorgen

Ihre Freundin Alexandra fliegt bald in den Urlaub. Sie sollen ihr dabei helfen auf ihre Katze aufzupassen.

Aufgabe: Planen Sie gemeinsam, was Sie tun wollen.
          Hier finden Sie ein paar Notizen:

Wann?
Was müssen Sie tun?
Wer macht was?

- *Hallo liebe Olga, schön dich zu sehen.*
- **Hallo liebe Nazli, ich freue mich auch dich zu sehen.**
- *Was gibt es Neues? Wir haben uns so lange nicht gesehen.*
- **Bei mir gibt es nichts Neues. Keine Nachrichten sind gute Nachrichten!**
- *Hast du gehört, unsere Freundin Alexandra fliegt am Montag nach Spanien für zehn Tage. Sie hat mich gefragt, ob ich auf ihre Katze aufpassen kann.*
- **Ja, mich hat sie auch gefragt. Wollen wir beide ihr helfen?**
- *Ja, das ist eine gute Idee. Ich mag Katzen sehr. Wann hättest du Zeit?*
- **Ich könnte jeden Abend in Alexandras Wohnung kommen. Morgens kann ich nicht. Ich muss meine Kinder in den Kindergarten bringen.**
- *Das passt mir gut. Dann komme ich jeden Vormittag gegen 10 Uhr und gebe der Katze etwas zu fressen und zu trinken.*
- **Sollen wir Katzenfutter zusammen kaufen oder hat Alexandra genügend Futter zu Hause?**
- *Das kann ich dir nicht sagen. Ich rufe sie gleich mal an und erkundige mich danach.*
- **Bitte frag sie auch, ob sie zwei Wohnungsschlüssel für uns hat.**
- *Weißt du eigentlich, was Katzen so essen? Ich habe nämlich keine Ahnung.*
- **Ich habe auch keine Ahnung, aber ich kann im Internet recherchieren. Ich traue mich nicht Alexandra zu fragen. Sie wird mich auslachen. Hm, vielleicht frage ich einfach mal in einem Tierladen.**
- *Kein Problem, ich mache das schon. Weißt du eigentlich, wann sie genau zurückkommt?*
- **Ich glaube Mittwochabend. Warum möchtest du es genau wissen?**
- *Ich habe einen Vorschlag. Wir beide könnten für sie etwas kochen und backen.*
- **Toll! Du hast immer gute Ideen. Ich bin dafür! So machen wir es. Also dann bis bald, tschüss.**
- *Bis bald und liebe Grüße an deine Familie.*

3 Gemeinsam etwas planen	Situation 2	Ein Tag zusammen in der Natur

Sie möchten am Wochenende einen Tag zusammen in der Natur verbringen.

Aufgabe: Planen Sie zusammen, was Sie unternehmen möchten.
Hier ein paar Notizen:

Wann?
Wohin?
Was unternehmen?
Was mitnehmen?

- *Hallo lieber Mustafa, ich freue mich dich zu sehen. Wie geht es dir?*
- **Hallo liebe Esraa, ich freue mich auch dich zu sehen. Danke, bei mir ist alles bestens.**
- *Mustafa, wollen wir am Wochenende zusammen einen Tag in der Natur verbringen?*
- **Das ist eine tolle Idee, ich bin dabei.**
- *Wunderbar, es freut mich. Hast du irgendwelche Ideen oder Vorschläge?*
- **Wir könnten zum See fahren, oder ein Picknick im Park machen?**
- *Ich habe leider kein Auto. Ich denke, dass wir lieber in den Park gehen sollten.*
- **Ich habe auch kein Auto. Na gut, dann verbringen wir einen schönen Tag im Park.**
- *Sollen wir uns im Zentrum treffen und dann zusammen in den Park gehen?*
- **Ja, sehr gern. Wann hättest du Zeit?**
- *Wie wäre es mit Samstag um 10.00 Uhr am Ebertplatz?*
- **Ich bin einverstanden. Was werden wir mitnehmen?**
- *Ich werde eine große, weiche Decke mitnehmen, damit wir bequem sitzen können, und ich kümmere mich um die Getränke. Was möchtest du mitnehmen?*
- **Ich bringe Brötchen, Käse, Wurst und Obst mit. Ich kenne einen Stand im Park, wo man frisch gepresste Säfte kaufen kann. - Spielst du gern Badminton? Ich könnte zwei Badmintonschläger mitbringen.**
- *Selbstverständlich spiele ich Badminton. Klasse! Ich freue mich!*
- **Hervorragend. Dann wird es bestimmt ein schöner Tag im Park.**
- *Ich habe noch eine Frage. Hast du etwas dagegen, wenn ich meinen Hund mitnehme? Er müsste sonst den ganzen Tag alleine zu Hause bleiben.*
- **Natürlich habe ich nichts dagegen. Ich möchte auch gern mit deinem Hund spielen. - Dann freue ich mich dich am Samstag zu sehen. Bis dann!**
- *Mach's gut. Bis Samstag. Ach ja, vergiss die Sonnencreme nicht!*
- **Ok! Tschüüüüss.**

3 Gemeinsam etwas planen	Situation 3	Erzieherin oder Krankenschwester?

Eine Freundin möchte eine Ausbildung machen. Sie ist sich nicht sicher, ob sie Erzieherin oder Krankenschwester werden soll.

Aufgabe: Helfen Sie Ihrer Freundin gemeinsam bei der Berufswahl.
             Hier einige Notizen:

> Welche Berufe?
> Wo sich über Berufe informieren?
> Hilfe bei Bewerbung/Praktikum?

- *Hallo Mehmet, wie geht's? Was gibt es Neues?*

- **Hallo liebe Larissa, alles bestens, und bei dir?**

- *Danke, ich kann mich auch nicht beklagen. Hast du gehört, unsere Freundin Maryam möchte eine Ausbildung machen und weiß nicht, was sie lernen soll, in welche Richtung sie gehen soll.*

- **Ich dachte, dass sie Erzieherin werden will. Nicht wahr?**

- *Ja, du hast recht. Aber du kennst doch unsere liebe Maryam. Sie kann sich nicht entscheiden. Sie will entweder Erzieherin oder Krankenschwester werden. Was könnten wir ihr denn empfehlen?*

- **Unsere Lehrerin hat uns im Integrationskurs gesagt, dass es in Deutschland in den Krankenhäusern Personalmangel gibt.**

- *Was bedeutet das, „Personalmangel"?*

- **Es bedeutet, dass es nicht genügend Ärzte, Krankenschwestern und Krankenpfleger in den Krankenhäusern gibt. Als Krankenschwester würde sie sofort einen Job finden.**

- *Ja, das stimmt, aber es ist ein schwerer Beruf. Kann man als Krankenschwester gut verdienen? Meine Nachbarin ist Krankenschwester, ich sollte sie mal fragen.*

- **Ich weiß nicht, was ich Maryam empfehlen kann. Sie sagte immer, dass sie gerne mit Kindern spielt. Eigentlich würden beide Berufe gut zu ihr passen.**

- *Ich denke, dass wir mit ihr zum Jobcenter gehen sollten und uns dort beraten lassen sollten. Jetzt nach dem Integrationskurs interessiert mich diese Frage auch.*

- **Ja, das ist eine tolle Idee, ich würde gerne mitkommen. Ein Beruf soll nicht nur interessant sein und Spaß machen, sondern auch genügend Geld zum guten Leben bringen.**

- *Oh ja, da hast du völlig recht. Sollen wir mit Maryam zusammen einen Termin ausmachen?*

- **Ja, das machen wir! Wir können ja weitere Fragen in unserer WhatsApp-Gruppe besprechen und dann auch den genauen Termin ausmachen.**

- *Ja, perfekt, dann bis ganz bald.*

- **Schönen Tag dir, bis dann! Liebe Grüße an deine Familie.**

- *Danke, tschüss.*

3 Gemeinsam etwas planen	Situation 4	Abschlussparty zum Kursende

Ihr Deutschkurs geht zu Ende. Sie möchten das mit Ihrer Lehrerin und mit anderen Kursteilnehmern feiern.

Aufgabe: Organisieren Sie eine Abschlussparty.
Hier haben Sie ein paar Tipps:

Wo feiern?
Wer übernimmt was?
Geschenk an die Lehrerin?

- *Hallo lieber Alex, wie geht's?*

- **Hallo Fatma, danke, es geht mir sehr gut, aber ich bin ein bisschen traurig, weil unser Deutschkurs zu Ende geht. Und wie geht es dir?**

- *Danke, mir geht es auch gut und ich finde es auch schade, dass unser Kurs vorbei ist. Ich habe eine Idee. Sollen wir eine Abschiedsparty organisieren und dann alle zusammen feiern?*

- **Oh ja, sehr gern. Das ist eine ganz tolle Idee. Wo und wann könnten wir feiern?**

- *Wir könnten die Party am Wochenende in der Schule organisieren oder zusammen in ein Restaurant gehen. Was wäre dir lieber?*

- **Ich würde sagen, dass wir lieber in der Schule feiern. Sollen wir auch unsere Lehrerin einladen?**

- *Selbstverständlich. Sie ist eigentlich die wichtigste Person. Ohne sie würden wir jetzt nicht so gut Deutsch sprechen können.*

- **Stimmt! Und wer soll jetzt welche Aufgabe übernehmen?**

- *Hm, ich würde als Erstes alle Leute unseres Kurses über WhatsApp informieren. Wir sollten unbedingt fragen, ob sie alle am Wochenende, z.B. am Samstag, Zeit haben.*

- **Ja, du hast recht, wir sollten alle benachrichtigen und alle fragen. Ich organisiere Getränke und die Musik. Was möchtest du übernehmen?**

- *Ich werde zwei Torten backen. Du weißt ja, unsere Lehrerin isst gerne Schwarzwälder Kirschtorte. Wir könnten auch noch Teilnehmer unseres Kurses fragen, wer für uns was kochen könnte.*

- **Ja, das machen wir. Ich habe noch eine Idee. Sollten wir vielleicht ein Geschenk für unsere Lehrerin besorgen?**

- *Ja, ich bin dafür. Was könnten wir ihr schenken? Ein Fotoalbum vielleicht? Wir waren zusammen in zwei Museen und haben auch zusammen mal den Weihnachtsmarkt besucht. Wir könnten eine Reihe Fotos zusammenstellen. Wie findest du das?*

- **Das ist ein schöner Vorschlag. Ich sehe es auch so wie du.**

- *Gut, dann ran an die Arbeit. Ich schreib mal gleich den Teilnehmern unserer WhatsApp-Gruppe und wir beide können Genaueres noch heute Abend am Telefon besprechen.*

- **Ja gut, also bis heute Abend. Ciao.**

| 3 Gemeinsam etwas planen | Situation 5 | Freund im Krankenhaus besuchen |

Ihr gemeinsamer Freund ist im Krankenhaus. Sie möchten ihn besuchen.

Aufgabe: Organisieren Sie den gemeinsamen Besuch.
Hier ein paar Tipps:

Um wie viel Uhr?
Wo?
Was mitbringen?

- *Hallo lieber Yavuz, wie geht es dir?*
- **Hallo lieber Gökhan, ich freue mich dich zu sehen. - Danke, es geht mir wunderbar, und dir?**
- *Mir geht es auch gut, aber unser Freund Mustafa ist seit vorgestern im Krankenhaus.*
- **Was, wirklich? Das wusste ich nicht. Ich habe ihn am letzten Wochenende gesehen und es ging ihm gut. Was hat er denn?**
- *Seine Frau hat mich heute angerufen und sagte mir, dass er Probleme mit seinen Nieren hat.*
- **Oh, das tut mir aber leid. Der Arme. Ich glaube, wir sollten ihn im Krankenhaus unbedingt besuchen. Wie siehst du das?**
- *Ja, auf jeden Fall. Ich bin einverstanden. Wann hättest du Zeit?*
- **Ich habe eigentlich keine Zeit in dieser Woche, aber wir müssen unseren Freund unterstützen! Sollen wir vielleicht morgen Vormittag zu ihm gehen? Weißt du, in welchem Krankenhaus er ist?**
- *Ja, die Adresse habe ich von seiner Frau. Was sollen wir mitbringen?*
- **Du weißt doch, er liebt Schokokekse. Die Süßigkeiten aus dem Krankenhaus schmecken bestimmt nicht so gut wie die aus seinem Lieblingscafé an der Ecke. Ich besorge die Kekse. Hast du sonst noch Vorschläge?**
- *Ich würde sagen, ich kaufe für ihn einige Bücher, er liebt historische Romane. Und vielleicht Blumen. Wo treffen wir uns morgen und wann?*
- **Du kannst mich gern bei mir zu Hause abholen, so gegen 11 Uhr?**
- *Ja, das passt mir gut. Dann bis morgen.*
- **Bis morgen. Und, bitte, diesmal pünktlich. Nicht so wie vor zwei Wochen, als wir ins Kino gehen wollten, und ich musste 40 Minuten auf dich warten!**
- *Nein, nein. Mach dir keine Sorgen, ich komme pünktlich. Tschüss.*
- **Mach's gut.**

3 Gemeinsam etwas planen	Situation 6	Probleme in Mathematik

Ihre Freundin hat eine Tochter. Diese Tochter hat Probleme in der Schule mit Mathematik.

Aufgabe: Helfen Sie Ihrer Freundin.
Hier haben Sie ein paar Punkte:

Lehrer finden?
Selbst helfen?
Wo? / Wann?

- *Hallo liebe Valentina, wie geht es dir, was gibt es Neues? Wir haben uns so lange nicht gesehen.*

- **Hallo Ali, danke, es geht mir gut. Hoffentlich dir auch. Hast du gehört, unsere Freundin Sandra hat eine Tochter, sie ist 14 Jahre alt und geht in die Schule. Sie hat große Probleme in Mathematik.**

- *Ja, ja, in diesem Alter hatte ich auch Probleme in Mathe und ich war fest davon überzeugt, dass der Lehrer an meinen Problemen schuld war. Jetzt verstehe ich, dass ich einfach keine Lust hatte zu lernen. Hm, sollen wir Sandras Tochter irgendwie helfen?*

- **Ja, das wäre gut. Aber was können wir tun? Ich mag Mathematik nicht, und gut erklären konnte ich noch nie. Hast du auch Probleme mit Mathe?**

- *Ja, ich mag Mathe auch nicht. Um genau zu sein, immer noch nicht. Wollen wir mal im Internet schauen, wie viel ein privater Lehrer pro Stunde nehmen würde? Wie oft sollte denn Sandras Tochter Unterricht haben? Kann Sandra sich das überhaupt leisten? Was meinst du?*

- **Ich weiß es nicht. Wir sollten alles erst gründlich überlegen. Was wird denn ein Lehrer pro Stunde nehmen? Mein Personal Trainer nimmt 50 € die Stunde, ein Lehrer vielleicht 35 Euro? - Ich habe eine Idee. Wenn du am Wochenende Zeit hast, dann komm doch einfach zu mir. Ich kann für uns etwas Leckeres kochen und dann schauen wir im Internet, ob wir einen passenden Lehrer finden, oder vielleicht fällt uns etwas anderes ein.**

- *Ja, gerne, am Sonntag hätte ich ein paar Stunden Zeit. Wann soll ich bei dir sein?*

- **Wie wäre es so gegen 16 Uhr? Sonntag 16 Uhr, passt das?**

- *Ja, perfekt, dann sehen wir uns am Sonntag um 16 Uhr. Wenn sich bei dir etwas ändern sollte, schreib mir bitte eine Nachricht.*

- **Hervorragend, dann bis Sonntag.**

- *Ja, bis dann, und liebe Grüße an deine Familie.*

- **Danke, dito.**

3 Gemeinsam etwas planen	Situation 7	Wasserrohrbruch

Ihre Freundin hat in ihrer Wohnung einen Wasserrohrbruch.

Aufgabe: Helfen Sie Ihrer Freundin.
                    Hier haben Sie ein paar Punkte:

                                        Wen anrufen?
                                        Neue Möbel?
                                        Renovieren?

- *Hallo lieber Ahmad, wie geht es dir, ich freue mich dich zu sehen.*

- **Hallo Bana, danke, alles bestens, und wie geht es dir?**

- *Danke, mir geht es auch gut, aber unsere Freundin Julia hat ein großes Problem.*

- **Wirklich, was ist denn passiert? Ist sie krank?**

- *Nein, sie hat in ihrer Wohnung einen Wasserrohrbruch. Sie hat heute Morgen bemerkt, dass die Wand in ihrem Wohnzimmer ganz nass ist, da ist ein Rohr in der Wand geplatzt.*

- **Wie schrecklich, das tut mir leid. Wie sieht denn ihre Wohnung jetzt aus? Kann sie dort überhaupt noch schlafen?**

- *Sie hat mir am Telefon gesagt, dass die Wände nass sind und dass einige Möbelstücke kaputt sind. Ich gehe gerade zu ihr. Möchtest du mitkommen? Vielleicht braucht sie unsere Hilfe.*

- **Ja, natürlich komme ich mit. Meine Eltern hatten letztes Jahr ein ähnliches Problem.**

- *Oh, tatsächlich? Was macht man denn in solchen Fällen?*

- **Als Erstes sollte Julia den Hausmeister und die Hausverwaltung anrufen und den Schaden melden. Dann sollte sie sofort ihren Vermieter kontaktieren.**

- *Sie hat doch bestimmt eine Versicherung. Die Frage ist nur, ob die Versicherung die Renovierungsarbeiten auch bezahlt!*

- **Gut, dass du es sagst, das ist ein wichtiger Punkt. Man muss sofort Fotos von dem Schaden machen und sie an die Versicherung mailen.**

- *Du weißt doch, ich bin handwerklich ziemlich begabt. Ich könnte Julia helfen, die Wände zu streichen. Aber erst müssen sie gut trocknen.*

- **Ja, das ist ein guter Vorschlag. Sollen wir zusammen die Farbe kaufen?**

- *Ja, können wir gerne machen. Vielleicht braucht Julia auch neue Möbel oder auch Decken. Wir wissen nicht, was alles kaputt gegangen ist. Wir sollten sie erst mal fragen.*

- **Ja, wir fragen sie jetzt gleich. Wenn sie neue Möbel braucht, könnten wir mit ihr zu einem Möbelgeschäft fahren und vielleicht auch beim Transport helfen.**

- *Ja, wunderbar, aber lass uns erst mal ein Bild davon machen, wie es bei ihr aussieht.*

- **Gut, so machen wir es!**

---

3   Gemeinsam etwas planen   Situation 8   Fest der Kulturen

In Ihrer Schule sollen Sie ein >Fest der Kulturen< organisieren.

Aufgabe: Planen Sie dieses Fest zusammen.
                           Hier ein paar Notizen:

                                          Wann? Wo?
                                          Wer übernimmt was?

- *Hallo lieber Viktor, alles klar bei dir?*

- **Hallo lieber Stefano, danke, es geht mir gut. Was gibt es Neues?**

- *Hast du gehört, unsere Sprachschule organisiert bald ein Kulturfest, ein Fest der Nationen.*

- **Ja, das habe ich schon gehört. Ich finde diese Idee super. Du weißt doch, dass ich mich für Kultur und internationale Küche interessiere. Wollen wir bei der Organisation helfen? Hättest du Lust?**

- *Natürlich hätte ich Lust darauf. Was könnten wir machen? Weißt du schon, wann dieses Fest der Kulturen geplant ist?*

- **Ich glaube, es soll am Samstag in zwei Wochen stattfinden. Hast du irgendwelche Ideen oder Vorschläge? Was könnten wir machen?**

- *Wir könnten alle unsere Schüler und auch die Lehrer fragen, ob sie an diesem Tag typische Kleidung aus ihrer Heimat anziehen würden. Du weißt ja, dass unser Lehrer ursprünglich aus Bayern kommt. Vielleicht kann er eine bayerische Lederhose und eine dazu passende Weste anziehen?*

- **Ja, das ist eine tolle Idee. Ich komme aus der Ukraine, ich habe zu Hause ein ukrainisches Nationalkostüm. Hast du vielleicht etwas aus deiner Heimat, Italien? - Unsere Freundin Rupika, die aus Indien kommt, hat bestimmt zu Hause ein tolles indisches Kleid.**

- *Ich habe zu Hause leider keine typisch italienische Nationaltracht, aber ich könnte mal meinen Vater fragen. - Wie sieht es aus, hast du noch weitere Vorschläge?*

- **Wie wäre es, wenn jeder von unseren Schülern zu Hause etwas Leckeres kochen würde, etwas, das für das jeweilige Land typisch ist?**

- *Das ist ein guter Vorschlag, für mich ist die nationale Küche ein wichtiger Teil der Kultur. - Und was könnten wir noch machen?*

- **Unser Freund aus der Türkei, Mehmet, kann gut türkische Gitarre spielen und dazu singen. Wir könnten ihn fragen, ob er für uns etwas Türkisches spielt und singt.**

- *Du hast so viele Ideen. - Vielleicht bringe ich Musik-CDs aus meiner Heimat mit. - Was sonst noch?*

- **Man könnte auch Plakate mit Fotos aus unseren Heimatländern machen und präsentieren.**

- *Wunderbar. Ich würde sagen, wir reden mit unserem Lehrer darüber und fragen ihn, was er von unseren Vorschlägen hält.*

- **Ja, so machen wir es. Bis später, ciao.**

- *Tschüss*

• 3 Gemeinsam etwas planen   Situation 9   Geburtstagsgeschenk für Stefan

---

Ihr gemeinsamer Freund Stefan hat Sie beide zu seinem Geburtstag am nächsten Samstag eingeladen.

Aufgabe: Sie möchten ihn gemeinsam besuchen,
                    besprechen Sie alles, was dazu gehört.

Was schenken?
Wo treffen?
Wie dahin kommen?

- *Hallo lieber Viktor, wie geht es dir?*

- **Hallo liebe Laura, danke, es geht mir sehr gut, ich freue mich dich zu sehen, wie geht es dir?**

- *Danke, mir geht es auch gut. Ich bin ein bisschen erkältet, aber sonst ist alles in Ordnung.*

- **Laura, hast du gehört, dass Stefan am Samstag Geburtstag hat und abends eine Party organisiert?**

- *Natürlich weiß ich das, er hat mich ja zu seiner Geburtstagsparty eingeladen. Du bist bestimmt auch eingeladen, nicht wahr?*

- **Ja, mich hat er auch eingeladen. Ich habe eine Idee, wollen wir zusammen hingehen?**

- *Das ist eine gute Idee, dann können wir viel Spaß haben. Er feiert in dem alten Café am Volksgarten. Weißt du, wo das ist?*

- **Nein, das weiß ich nicht, du kannst es mir ja zeigen.**

- *Klar, gerne! Hast du eigentlich schon ein Geschenk für ihn? Ich habe leider bis jetzt nichts gefunden.*

- **Ich habe auch kein Geschenk. Wollen wir für ihn zusammen etwas kaufen? Hast du Vorschläge?**

- *Ich weiß, dass er gerne kocht. Wollen wir für ihn ein gutes Kochbuch kaufen?*

- **Hm, ich glaube, es ist keine gute Idee. Er kocht gerne, aber nur die Gerichte, die er von seiner Oma gelernt hat, also klassische alte Küche. - Wir könnten ihm vielleicht irgendwelche Technik für die Küche kaufen. Was hältst du davon?**

- *Das ist eine gute Idee. Aber ich würde vorschlagen, dass wir zuerst seine Frau fragen, was die beiden noch alles brauchen. Sonst kaufen wir etwas, das Stefan bereits hat.*

- **Ja, da hast du völlig recht. Ich hätte noch einen Vorschlag. Du weißt ja, dass Stefan einen tollen Balkon hat, mit vielen Pflanzen. Wir könnten eine schöne Pflanze für seinen Balkon kaufen oder eine Dekoration für den Balkon.**

- *Ja, klasse, das finde ich gut! Wollen wir uns am Samstagvormittag treffen und in einem Gartencenter eine schöne Pflanze kaufen?*

- **Ich denke, dass wir auf dem Wochenmarkt leichter etwas finden. Wollen wir uns am Samstag um 9 Uhr am Rudolfplatz treffen?**

- *Ja, einverstanden, also Samstag, 9 Uhr. - Bis dann. Schönen Tag noch!*

- **Dir auch, tschüss.**

3 Gemeinsam etwas planen	Situation 10	Hochzeitsfeier

Sie sind beide am nächsten Wochenende zu einer Hochzeitsfeier eingeladen. Diese Hochzeit findet in Papenheim statt, das ist etwa 200 km von Ihrem Wohnort entfernt. Sie waren noch nie dort.

Aufgabe: Planen Sie zusammen, was Sie unternehmen möchten

Verkehrsmittel?
Geschenk?
Kleidung?

- *Hallo Kathrin, wie geht's?.*

- **Hallo Natalya, danke, alles bestens. Wie geht es dir?**

- *Danke, alles ok. Ich bin so froh, weil unsere Freundin Julia am nächsten Wochenende heiratet. Ich hoffe, dass du auch zur Hochzeit fährst.*

- **Selbstverständlich fahre ich hin. Aber ich muss sagen, ich war noch nie in Papenheim, und du?**

- *Ich war auch noch nie dort. Wollen wir vielleicht zusammen hinfahren?*

- **Das wäre toll. Ich habe leider kein Auto. Können wir mit deinem Auto hinfahren?**

- *Mein Auto ist zurzeit leider in der Werkstatt. Aber wir könnten mit dem Zug fahren. Ich könnte mal im Internet schauen, welche Zugverbindungen es gibt und wie viel die Tickets kosten.*

- **Ja, bitte, mach das. Könntest du mir dann die Informationen schicken? Ich bin auf jeden Fall dabei. Ich freue mich, dass ich nicht allein fahren werde, sondern mit dir.**

- *Sag mal, hast du dir schon Gedanken wegen eines möglichen Geschenks gemacht?*

- **Ich habe lange darüber nachgedacht, aber mir fällt nichts ein. Wie wäre es mit einem Parfüm?**

- *Hm, Parfüm halte ich für keine gute Idee. Du weißt ja, Julia ist da sehr wählerisch und gegen manche Düfte sogar allergisch.*

- **Da hast du wiederum recht. Wie wäre es mit einem Gutschein für eine Therme mit Wellness?**

- *Die Frage ist nur, für welche Therme? In Papenheim, wo sie wohnen wird, gibt es wohl keine Therme.*

- **Stimmt, das ist nicht so passend. Was könnte man sonst noch schenken?**

- *Ich würde vorschlagen, wir schenken gemeinsam einen Gutschein für einen Technikmarkt. Eine junge Familie braucht bestimmt technische Sachen für den Haushalt.*

- **Ja, ich bin einverstanden. So machen wir es. Weißt du schon, was du an dem Tag anziehen wirst?**

- *Ich ziehe ein teures, langes italienisches Kleid an. Meine Schwester hat es mal in Neapel gekauft und jetzt ist es ihr zu eng. - Und du?*

- **Ich ziehe ein schönes glänzendes Kleid an. Ich habe es mal in Düsseldorf auf der Königsallee gekauft, dazu eine Brosche aus Weißgold. - Wir werden elegant aussehen!**

- *Ja, ganz sicher! Also, bis dann. Ich freue mich! Weitere Details per WhatsApp! - Tschüss.*

- **Ciao, bis ganz bald.**

3 Gemeinsam etwas planen	Situation 11	Gesünder leben

Sie beide möchten ein gesünderes Leben führen.

Aufgabe: Besprechen Sie bitte, was man dafür machen könnte.

Ärztliche Beratung?
Sport / Natur?
Ernährung umstellen?

- *Hallo lieber Boris, schön dich zu sehen. Wie geht's?*
- **Hallo lieber Mustafa, danke, es geht mir gut, aber meine Frau ist schon wieder erkältet.**
- *Das tut mir leid, ich fühle mich auch so müde und schlapp.*
- **Wir sollten vielleicht mehr für unsere Gesundheit tun.**
- *Das stimmt, wir sollten ein gesünderes Leben führen. Was sollte man alles ändern, oder besser machen? Hast du ein paar Ideen?*
- **Meine Frau geht einmal im Quartal zu ihrem Hausarzt und lässt sich ein großes Blutbild machen. Aber nur zum Arzt gehen ist noch zu wenig.**
- *Du hast recht. Ich würde sagen, wir sollten unsere Ernährung ändern, alles umstellen. Ich habe in der letzten Zeit immer mehr Bio-Lebensmittel gekauft. Ja, die sind teuer. Dafür schmecken sie aber natürlich und gut, und sind nicht gesundheitsschädlich.*
- **Du hast völlig recht, Bio-Obst und Bio-Gemüse schmecken viel besser als Nicht-Bio-Nahrung. Außerdem sollte man weniger Fleisch und weniger Süßigkeiten essen. - Sag mal, treibst du Sport? Ich würde mich gerne in einem Sportstudio anmelden.**
- *Ich bin seit einem Jahr Mitglied in einem Sportstudio im Zentrum. Es ist sehr schön dort, nicht zu groß und sehr gemütlich. Ich zahle nur 35 Euro im Monat.*
- **Das klingt gut! Ich wusste nicht, dass du regelmäßig trainierst.**
- *Hahaha, ich bin da angemeldet, gehe aber leider fast nie hin. Ich bräuchte eine Motivation, zum Beispiel einen Trainingspartner. Hast du nicht Lust am Freitagabend mit mir dort hinzugehen? Vielleicht gefällt es dir und wir könnten dann regelmäßig zusammen trainieren.*
- **Ja, sehr gerne! Zu zweit ist es jedenfalls nicht so langweilig. Aber nach dem Sport gehen wir keine Cocktails trinken! Wir sollten auch den Alkoholkonsum reduzieren!**
- *Ja, ok, einverstanden. Wir könnten ja auch einmal die Woche im Park joggen, vielleicht sonntags?*
- **Das ist eine gute Idee. Wir könnten uns am Eingang treffen und dann eine halbe Stunde joggen.**
- *Meine Mutter hat mir zu Weihnachten einen tollen Entsafter geschenkt. Wir könnten jeden Sonntag nach dem Joggen bei mir frisch gepresste Säfte trinken.*
- **Klasse, so machen wir es! Also Freitagabend 19 Uhr gehen wir zusammen in dein Fitnessstudio!**
- *Ja, gerne! Aber lass uns die genaue Uhrzeit erst noch telefonisch ausmachen, ok? - Also, ciao.*
- **Ja, gerne. - Schönen Tag noch und herzliche Grüße an deine Familie, tschüss.**

3 Gemeinsam etwas planen	Situation 12	Eine Freundin zieht um

Ihre gemeinsame Freundin Natalya zieht nächste Woche in eine neue Wohnung.

Aufgabe: Sie möchten Ihrer Freundin beim Umzug helfen.
Was werden Sie tun?

Wann? / Wo?
Transport?
Wer noch?

- *Hallo lieber Antonio, wie geht's?*

- **Hallo Murat, danke, alles wunderbar. Wie geht's dir? Was gibt es Neues?**

- *Mir geht es gut, danke. Hast du gehört, unsere liebe Natalya hat endlich eine neue Wohnung gefunden und sie zieht nächste Woche um.*

- **Wie schön. Ich freue mich sehr für sie. Eine Wohnung zurzeit zu finden ist fast unmöglich. Sag mal, wollen wir beide ihr beim Umzug helfen?**

- *Das kommt darauf an, wann sie genau umzieht. Wir müssen uns erkundigen. Wenn der Umzug am kommenden Wochenende stattfindet, bin ich dabei.*

- **Das würde mir auch passen. Am Wochenende habe ich auch noch nichts vor.**

- *Du weißt ja, Natalya hat kein Auto, und ein Umzugsunternehmen zu engagieren kostet viel Geld. Ich könnte meinen Vater bitten, uns sein Auto zu leihen, da ist viel Platz drin.*

- **Das wäre toll. Weißt du vielleicht, ob Natalyas Bruder auch dabei ist?**

- *Das weiß ich nicht, aber gut wäre es schon. Ich glaube nämlich, dass es in Natalyas neuem Haus keinen Aufzug gibt, da müssen wir alles die Treppen hinauftragen. Nur wir zwei und Natalya, das wären zu wenige Helfer.*

- **Stimmt! Also wir fragen Natalya, erstens, wann sie genau umzieht, zweitens, von wo nach wo, und drittens, ob ihr Bruder dabei ist. - Ich kann auch noch meinen Kumpel fragen, ob er uns helfen könnte.**

- *Ich habe noch eine Idee. Natalya wird sicherlich auch noch neue Möbel oder Pflanzen brauchen. Wir könnten ihr auch einen Gutschein von einem Möbelhaus schenken?*

- **Ja, das ist ein guter Vorschlag. Und ich kann für Natalyas Wohnzimmer noch ein schönes, großes Bild malen. - Aber vielleicht sollten wir tatsächlich noch andere gemeinsame Freunde bitten uns zu unterstützen, wir dürfen die Arbeit nicht unterschätzen.**

- *Gut, da haben wir jetzt schon was zu tun. Also, so machen wir es und wir hören wieder voneinander. Bis dann, tschüsss.*

- **Ja, ich wünsche dir auch einen schönen Tag. Bis dann.**

3 Gemeinsam etwas planen	Situation 13	Kursausflug in den Zoo

Ihr Sprachkurs möchte einen Ausflug in einen Zoo machen. Zwei Kursteilnehmer sollen alles organisieren.

Aufgabe: Besprechen Sie und planen Sie das gemeinsam.

Tag und Uhrzeit?
Wo essen und trinken?
Was mitnehmen?

- *Hallo Larissa, wie geht's?*

- **Hallo Vlad, danke, es geht mir gut, und dir?**

- *Danke, mir geht es blendend. - Larissa, wie du weißt, sollen wir für unsere Gruppe einen Ausflug in einen Zoo organisieren. Was hältst du von diesem Vorhaben?*

- **Das ist eine tolle Sache, ich mag Tiere! Ich wohne seit zwei Jahren in Köln, ich weiß, dass es hier einen schönen Zoo gibt, aber ich war bisher leider noch nie dort. Warst du schon mal dort?**

- *Ja, ich war ein Mal mit meinen Kindern im Zoo, aber das Wetter war nicht so gut, es war kalt und regnerisch. Jetzt freue ich mich, dass wir mit unserem Sprachkurs hingehen werden.*

- **Ich denke, wir sollten zuerst in unserer Gruppe fragen, wer mitkommen möchte und wer Zeit hat.**

- *Ja, stimmt, vielleicht sollten wir auch zuerst einige Terminvorschläge machen. Ich würde sagen, wir könnten zum Beispiel an einem Samstag oder an einem Sonntagnachmittag hingehen.*

- **Im Internet steht, dass eine Eintrittskarte ca. 17 Euro kostet. Für Kinder ist es aber günstiger.**

- *Ich meine, wir sollten unsere Kinder unbedingt mitnehmen. Ich finde, dass es für Kinder sehr wichtig, ist, den Kontakt zu Tieren zu pflegen.*

- **Richtig! - Sag mal, sollen wir etwas zu essen mitnehmen und auch etwas, um die Tiere zu füttern?**

- *Ich denke, dass wir nur etwas zu trinken mitnehmen sollten. Im Kölner Zoo gibt es einige Cafés, da kann man eine Kleinigkeit essen und es gibt dort auch zum Beispiel Eiskaffee.*

- **Was können wir denn mitnehmen, um die Tiere zu füttern?**

- *Das sollten wir auf keinen Fall! Weißt du nicht, dass es verboten ist, im Zoo Tiere zu füttern? Auch am See ist es verboten den Enten Brot oder Brötchen zu geben, weil es sehr ungesund für sie ist.*

- **Ok, danke für die Information, ich wusste es nicht. - Was könnten wir nach dem Zoo machen?**

- *Gleich neben dem Zoo befindet sich die „Flora", so heißt der wunderschöne Botanische Garten.*

- **Ach ja, stimmt, ich habe Fotos davon im Internet gesehen. Ich glaube, die Flora ist kostenlos.**

- *Ja, richtig, man kann die Flora kostenlos besuchen. Ich war schon mal dort und habe wunderschöne Fotos von den herrlichen Pflanzen gemacht.*

- **Gut, dann fragen wir als Erstes die Gruppe wegen der Termine, und dann entscheiden wir uns.**

- *Ja, so machen wir es. Bis später, ciao.*

- **Mach's gut, ciao.**

3 Gemeinsam etwas planen	Situation 14	Gemeinsam Deutsch üben

Sie möchten in den Ferien außerhalb der Schule gemeinsam Deutsch üben.

Aufgabe: Besprechen Sie, was Sie tun könnten.

Zeit?
Ort?
Material?

- *Hallo liebe Daniella, ich freue mich, dich zu sehen. Wie geht es dir?*

- **Hallo liebe Bana, danke, alles bestens. Wir haben seit ein paar Tagen Ferien und ich langweile mich alleine zu Hause.**

- *Ja, ich vermisse unsere nette Gruppe auch sehr, und auch unsere Lehrerin.*

- **Ich habe eine Idee. Sollen wir in den Ferien zusammen Deutsch lernen?**

- *Das ist ein toller Vorschlag. Ja, sehr gern. Du wohnst doch auch im Zentrum, nicht wahr?*

- **Ja, ich wohne zehn Minuten zu Fuß von dir. Wollen wir uns jeden Tag treffen und ein bis zwei Stunden zusammen lernen?**

- *Ja, sehr gerne. Mein Mann ist den ganzen Tag in der Arbeit und ich habe Zeit.*

- **Wir können zuerst zusammen lernen und danach zusammen kochen, essen oder einfach spazieren gehen und dabei selbstverständlich Deutsch miteinander sprechen.**

- *Ja, so machen wir es. Wie ist deine Adresse?*

- **Ich wohne in der Müllerstraße 7, gegenüber der Post, und wo wohnst du?**

- *Ich wohne in der Mittelstraße 9, direkt neben der Bäckerei. Wir haben uns dort vor drei Wochen gesehen, erinnerst du dich?*

- **Ach ja, stimmt, ich kann mich schon noch daran erinnern.**

- *Wollen wir gleich morgen mit unseren Treffen beginnen? Wie wäre es um 9 Uhr?*

- **Entschuldige, 9 Uhr ist mir zu früh! Ich muss erst meinen Sohn zur Schule bringen und dann noch in der Wohnung aufräumen. Hättest du auch um 11 Uhr Zeit?**

- *Ja, wunderbar! 11 Uhr passt mir gut. Ich kann auch ein paar DVDs mitbringen mit speziellen Filmen für Deutschlernende. Da wird sehr langsam und deutlich Deutsch gesprochen.*

- **Das ist eine gute Idee. Ich wusste nicht, dass es solche Filme gibt. Ja gut, dann also bis morgen.**

- *Bis morgen. Ich freue mich auf unsere gemeinsamen Stunden und ich freue mich, mit dir zusammen Deutsch zu lernen.- Bis dann.*

- **Ach ja, vergiss bitte deine Bücher nicht. Einen CD-Player habe ich.**

- *Ja, ich bringe alles Nötige mit. Ciao.*

3 Gemeinsam etwas planen	Situation 15	Flohmarkt

Sie haben viele Sachen, die Sie nicht mehr brauchen. Diese möchten Sie auf einem Flohmarkt verkaufen. Sie wollen auch vor Beginn des Flohmarkts dort schon einen Platz für sich reservieren.

Aufgabe: Besprechen Sie, was Sie tun könnten.

Wo und für wann den Platz reservieren?
Was verkaufen?
Verkaufstisch?

- *Hallo lieber Tim, wie geht's?*

- **Hallo lieber Oleg, danke, es geht mir gut. Ich habe zu Hause so viele Sachen, die ich nicht brauche, ich würde sie gerne auf einem Flohmarkt verkaufen. Hast du Erfahrung damit?**

- *Um ehrlich zu sein, ich persönlich habe keine Erfahrung damit, aber meine Nachbarin hat letzes Jahr so etwas gemacht.*

- **Weißt du, wo und wie man einen Platz auf dem Flohmarkt buchen und reservieren kann? Wo findet man denn darüber Informationen?**

- *Also, erstmal solltest du im Internet suchen, wann und wo es in deiner Nähe einen Flohmarkt gibt. Ich helfe dir gern dabei.*

- **Hast du heute Abend Zeit? Wir könnten uns bei mir zu Hause treffen und im Internet suchen.**

- *Ja, ich habe Zeit, dann komme ich gegen 19 Uhr zu dir. Weißt du schon, was du verkaufen möchtest?*

- **Ja, ich möchte alte Kleidung meiner Kinder verkaufen. Die Sachen sind noch in sehr gutem Zustand, aber leider zu klein. Du weißt ja, wie schnell die Kinder wachsen. Und dann noch verschiedenes Spielzeug meiner Kinder und altes, schönes Porzellangeschirr meiner Oma.**

- *Ok, es klingt so, als ob du wirklich viele Sachen loswerden möchtest. Wir sollten den Veranstalter des Flohmarkts anrufen und fragen, was ein Platz kostet. Also den Tisch muss man selbst mitbringen und den Platz auf dem Flohmarkt bezahlt man nach Metern. Ich denke, 3-4 Meter kosten ca. 30 Euro.*

- **Ich frage mich, ob man Steuern zahlen muss, wenn man viel Geld am Flohmarkt einnimmt?**

- *Das weiß ich nicht. Ich denke, wenn man das einmal im Jahr macht, also nicht gewerblich, nicht hauptberuflich, dann muss man wahrscheinlich keine Steuern dafür zahlen.*

- **Ich hoffe, dass das Wetter gut sein wird.**

- *Das hoffe ich auch. Also, wir treffen uns heute Abend und besprechen alles.*

- **Ja, wie gesagt, wir sollten erstmal alle Informationen im Internet suchen.**

- *Also, dann bis heute Abend 19 Uhr.*

- **Ja, bis dann, schönen Tag noch.**

- *Dir auch, danke, tschüss.*

3   Gemeinsam etwas planen   Situation   16   Kinderparty in den Ferien

Ihre Kinder sind im gleichen Kindergarten. Sie möchten für die Kinder in den Ferien eine Party organisieren.

Aufgabe: Planen Sie gemeinsam diese Party.

> Wann/wo?
> Essen/Getränke?
> Spiele/Geschenke?

- *Hallo liebe Ludmila, wie geht es dir und deiner Familie, was gibt es Neues?*

- **Hallo liebe Zara, danke, es geht uns allen gut. Bei uns gibt es nichts Neues. Du weißt ja, wie man sagt: Keine Nachrichten sind gute Nachrichten. - Wie geht es euch?**

- *Danke, bei uns gibt es auch nichts Neues und wir sind Gott sei Dank alle gesund. Hast du schon gehört, wir sollen für die Gruppe, in der unsere Kinder im Kindergarten sind, in den Ferien eine Party organisieren.*

- **Ja, die Erzieherin meines Sohnes hat vor ein paar Tagen mit mir darüber gesprochen, aber ich hatte bis jetzt keine Zeit, mir darüber Gedanken zu machen. Hast du schon irgendwelche Ideen?**

- *Ja, ich glaube, als Erstes sollten wir uns entscheiden, wann genau und wo die Party stattfinden soll.*

- **Du hast recht. Ich würde sagen, wir machen es an einem Wochenende. Ich schlage vor, dass ich heute Abend mit den Eltern aller Kinder telefoniere und sie frage, wann sie denn alle Zeit hätten.**

- *Ja, guter Vorschlag, ich glaube am kommenden Wochenende könnte es schon gehen. Und wo soll die Party stattfinden? Im Kindergarten fände ich es langweilig.*

- **Das sehe ich auch so. Wie wäre es, wenn wir bei uns im Garten etwas machen würden? Du weißt ja, wir haben einen großen Garten und viel Platz für Spiele.**

- *Hm, wenn es für euch kein Problem ist. Es werden ja ca. 15 Kinder da sein und mindestens 15 bis 20 Personen als Begleitung. Ich weiß einige Spiele, die man im Garten gut machen kann.*

- **Ach du, es ist überhaupt kein Problem, letztes Jahr feierten wir hier unseren zehnten Hochzeitstag, es waren 50 Gäste in unserem Garten und alle hatten genügend Platz.**

- *Gut! Wie machen wir es mit den Getränken und mit dem Essen? Ich schlage vor, dass jeder von den Eltern etwas kocht und mitbringt. Das Organisieren der Getränke übernehme ich.*

- **Danke, das ist ein guter Vorschlag. Wollen wir für unsere Kinder auch kleine Geschenke vorbereiten? Ich würde sagen, dass ich von allen Eltern Geld einsammle und dann interessante Kleinigkeiten kaufe.**

- *Ja, so machen wir es. Also, ran an die Arbeit, erst mal alle Eltern abtelefonieren und alles klären.*

- **Ja, ich bin schon dabei, bis später, tschüss.**

- *Bis später, mach's gut.*

A2+B1

Dr. Illya Kozyrev

Briefe schreiben
Briefe schreiben - Teil 2
Deutsch als Fremdsprache
Übungen für A2 und B1

Verlag: Books on Demand
Teil 1: ISBN: 9 783 752 831 948 2. Aufl. (14.01.2019)
Teil 2: ISBN: 9 783 748 111 979 1. Aufl. (08.10.2018)

B1

Dr. Illya Kozyrev

Briefe schreiben B1- Teil 3
Briefe schreiben B1- Teil 4
mit Grammatik-Übungen
Deutsch als Fremdsprache

Verlag: Books on Demand
Teil 3: ISBN: 9 783 752 852 578 1. Aufl. (02.02.2020)
Teil 4: ISBN: 9 783 750 462 151 1. Aufl. (24.07.2020)

B1

Dr. Illya Kozyrev

Mein Weg zur
Grammatik – B1
Übungen A2-B1 für Integrationskurse
Deutsch als Fremdsprache

Verlag: Books on Demand
ISBN: 9 783 752 866 186 2. Auflage (29.03.2019)

B1+B2

Dr. Illya Kozyrev

Briefe schreiben B1 und B2
Deutsch als Fremdsprache
Übungen für Integrationskurse

Verlag: Books on Demand
ISBN: 9 783 752 862 973 2. Auflage (26.04.2019)

B2

Dr. Illya Kozyrev

Briefe schreiben B2 - Teil 2
Briefe schreiben B2 - Teil 3
Deutsch als Fremdsprache
Übungen für Integrationskurse

Verlag: Books on Demand
Teil 2: ISBN: 9 783 746 028 620 1. Aufl. (04.10.2019)
Teil 3: ISBN: 9 783 750 415 584 1. Aufl. (08.11.2019)

B2 **C1**

Dr. Illya Kozyrev

Sprachbausteine Deutsch B2
Sprachbausteine Deutsch B2 - Teil 2
Sprachbausteine Deutsch C1
Deutsch als Fremdsprache
Übungen zur Prüfungsvorbereitung

Verlag: Books on Demand
B2   : ISBN: 9 783 749 466 849 1. Aufl. (06.08.2019)
B2 -2: ISBN: 9 783 750 435 384 1. Aufl. (31.03.2020)
C1   : ISBN: 9 783 752 642 384 1. Aufl. (02.11.2020)

B2

Dr. Illya Kozyrev

Mein Weg zur
Grammatik – B2
Deutsch als Fremdsprache

Verlag: Books on Demand
ISBN: 9 783 749 435 050 1. Auflage (27.03.2019)

B2

Dr. Illya Kozyrev

Mündliche Prüfung Deutsch B2
Übungen zur Prüfungsvorbereitung B2
Deutsch als Fremdsprache

Verlag: Books on Demand
ISBN: 9 783 750 459 939 1. Auflage (18.05.2020)